Jean-Marc Ausset

L'ÉTERNITÉ :La vie éternelle, une utopie ?

Jean-Marc Ausset

L'ÉTERNITÉ :La vie éternelle, une utopie ?

La nouvelle naissance : l'extraordinaire de Dieu dans l'ordinaire de l'homme

Éditions Croix du Salut

Imprint

Cover image: www.ingimage.com

Publisher:
Éditions Croix du Salut
is a trademark of
Dodo Books Indian Ocean Ltd. and OmniScriptum S.R.L publishing group

120 High Road, East Finchley, London, N2 9ED, United Kingdom
Str. Armeneasca 28/1, office 1, Chisinau MD-2012, Republic of Moldova, Europe
Printed at: see last page
ISBN: 978-620-6-16884-3

Jean-Marc AUSSET

L'ETERNITE

La vie éternelle : une utopie ?

février 2015

Du même auteur aux éditions : Croix du Salut

1) Plaidoyer pour le mariage , anglais-français :…….. 53 p

2) Jésus, le nom au-dessus de tout nom :…………….. 53 p

3) De la raison à la foi :…………………………….....49 p

4) La miséricorde et la fidélité de Dieu dans le
livre de Ruth ……………………………………....117 p

5) Sur les traces des premiers pionniers de l'Evangile
Tome 1 de l'an 35 à l'an 51……………………….....272 p

6) Sur les traces des premiers pionniers de l'Evangile
Tome 2 de l'an 52 à l'an 67…………………………243 p

7) Paraboles de la nature : l'aigle et la ruche Tome 1.. 107 p

8) Paraboles de la nature : les racines et la vision T2....179 p

9) La place et le rôle des anges dans la Bible ………….124 p

10) Mieux vivre sa vie :…………………………….....112 p

Amazon, la Fnac, Editions la Croix du Salut, OmniScriptum Gallimard etc....

Table des matières

L'extraordinaire de Dieu dans l'ordinaire de l'homme :

la nouvelle naissance.

L’éternité

I) Textes bibliques :

Ecclésiaste ch 3 v 11 :

« Dieu fait toute chose bonne en son temps. Il a même mis dans le cœur de l’homme la pensée de l’éternité, bien que l’homme ne puisse pas saisir l’œuvre que Dieu fait, du commencement jusqu’à la fin. »

Genèse ch 21 v 33 :

« Abraham invoqua l’Eternel, Dieu de l’éternité. »

Psaumes ch 90 v 2 :

« Tu es Dieu d’éternité en éternité. »

2 Pierre ch 3 v 18 :

« A Jésus soit la gloire pour l’éternité ! »

Romains ch 6 v 23 :

« Le don gratuit de Dieu, c’est la vie éternelle. »

II) Prologue :

Parler de l'éternité pourrait sembler à certains, tenir de la gageure.
En effet, ce sujet est si vaste que le temps qui nous est imparti par les limites de cet écrit, ne nous permettra que de l'effleurer, d'autant que, comme le soulignait avec humour Woody Allen :
« L'éternité, c'est long, surtout à la fin ! »
Nous essaierons donc, de ne pas trop nous éterniser.

1) Les origines de cette réflexion :

Ce thème de l'éternité n'a pas surgi dans ma pensée par hasard.
Il a émergé progressivement et s'est imposé à moi alors que je me remémorais les paroles que j'eus à prononcer lors des obsèques d'un collègue de travail très cher.
Je revoyais avec émotion ces hommes et ces femmes de tous âges, de toutes convictions philosophiques ou religieuses, de tous milieux socioprofessionnels, de toutes origines culturelles, je les voyais là avec toutes leurs différences et dans leur diversité.
Mais, dans le même temps, voici que cette diversité semblait voler en éclats telle un kaléidoscope qui se brise, ne reflétant plus autre chose que l'ombre oppressante, lourde, angoissante de la lumière noire et froide de la mort.
L'instant d'avant, ils étaient riches de leur diversité, fiers de leur altérité, les voici maintenant unis,

tragiquement unis par un phénomène universel, dans la crudité et la cruauté de son expression, celle de la mort !

Solennelle interpellation qui, sur le chemin de la vie, souligne que celle-ci a une fin à laquelle nul ne peut échapper !

Tous unis devant la mort ou plutôt, tous réunis dans la mort sans distinction de races, de sexes, de culture, de position sociale ; mais aussi, tous identiques face à une autre réalité, aussi mystérieuse que la précédente, celle de l'éternité !

Et là, nous devons reconnaître que nous plongeons en plein paradoxe.

2) Un paradoxe :

C'est ce paradoxe que j'aimerais mettre en évidence maintenant.

a) la réalité de la mort :

La vie humaine semble calquée sur le modèle de la nature.
L'enfance et l'adolescence sont souvent assimilées au printemps de la vie, l'âge de la maturité à l'été, la vieillesse à l'automne et la mort à l'hiver, selon un rythme immuable sous nos latitudes, parfois rompu par

des accidents ou des maladies provoquant prématurément la mort.

Autrement dit, notre pensée est structurée par une conception du temps enracinée dans une réalité qui lui impose l'idée d'une naissance et d'une mort, d'un commencement et d'une fin !
Rien ici-bas ne semble à première vue contredire ce fait d'expérience.
Ainsi en est-il de la vie animale, mais aussi des constructions humaines comme des coutumes sociales. Rien n'échappe à cette loi d'un début et d'une fin !

a1) la vie animale :

La vie animale en apporte quotidiennement la confirmation.
Certaines espèces comme les tortues peuvent devenir centenaires ; mais un jour, elles meurent !
Certaines autres comme l'insecte appelé « éphémère » ne vivent que quelques heures, puis meurent à leur tour !
Il n'est pas jusqu'à certaines espèces animales qui ne voient chaque année leurs noms effacés des registres des zoologistes, selon « l'Union mondiale pour la nature » qui dénombre 16125 espèces en voie de disparition.

a2) Les édifications humaines :

Leur histoire apporte aussi son lot de disparitions.

Nombreuses sont les îles ou les cités côtières renommées dans leur temps, fiertés de leurs habitants, qui ont aujourd'hui été rayées de la carte, englouties par les eaux ou abattues par des secousses telluriques. Nombreux sont aussi ces villes et ces villages qui disparurent ennoyés par les vents de sable ou dans des coulées de boue.

Pour les premières, je citerai deux noms, ceux d'Héraclion et de Ménouthis, cités découvertes récemment sous les eaux de la baie d'Aboukir, en Egypte, datant du VI siècle avant J-C ; pour les secondes, le nom du port de Séleucie d'où l'apôtre Paul et son ami Barnabas embarquèrent pour leur premier voyage missionnaire, port qui fut ensablé en 528 à la suite d'un séisme suivi d'un tsunami, ou encore, la cité disparue des Tartessos, probablement enfouie sous les sables mouvants du Guadalquivir en Espagne, dont l'histoire remonte mille ans avant J-C.

a3) Les us et coutumes :

Que dire enfin des us et coutumes que l'on croyait suffisamment enracinés pour qu'il paraisse déraisonnable d'imaginer seulement leurs disparitions ! Je me souviens qu'au décès de mon père en 1962, je dus porter pendant une longue année un crêpe noir, soit au revers de ma veste, soit sous forme de brassard, pratique qui ferait aujourd'hui figure d'archaïsme et qui paraîtrait anachronique !

Ceci n'est qu'un exemple parmi d'autres, qu'ici-bas, tout paraît et tout passe, y compris les signes extérieurs de la mort !

b) La pensée de l'éternité :

Or, voici que paradoxalement, alors même que tout semble fixé dans notre esprit autour du schéma « vie-mort » « commencement-fin », surgit du fond des âges un mot incongru en décalage total avec notre expérience du vivant comme de l'inanimé, une sorte d'intrus dans notre monde conceptuel dont il bouleverse les repères, le mot « éternité » !
A quelle source cette idée « d'éternité » est-elle allée s'alimenter lui permettant de naître, de grandir, de se pérenniser et d'inscrire enfin son nom dans les lexiques et les dictionnaires de tous les peuples ?

L'homme aurait-il perdu la raison pour faire ainsi un tel saut conceptuel ?
A moins que, poussé par quelque intuition jusqu'alors étouffée par la raison, elle-même rivée et rivetée à son seul cadre matériel, il n'ait laissé son esprit se porter vers d'autres horizons, acceptant le défi de regarder plus haut et plus loin, à la fois dans l'espace et dans le temps.
Il est notoire que la contemplation d'un ciel étoilé inspire au cœur de l'homme, outre la perception de sa petitesse, le sentiment aigu de l'immensité céleste qui ouvre la porte à une pensée métaphysique et au sentiment religieux.

Une telle démarche s'inscrit dans une perspective dite « spiritualiste » et tire, par sa nature, une ligne de démarcation avec l'approche dite « matérialiste ».

De tous temps, ces deux modes de conception de la vie et de la mort ont eu leurs adeptes, et aujourd'hui encore, ce clivage demeure, les premiers accordant à l'âme une existence par delà la mort du corps, les seconds considérant que la mort physique est la fin de tout.

En tant que chrétiens, nous nous inscrivons, bien évidemment, dans le registre spiritualiste.
Avant d'aller plus loin dans l'analyse de la croyance en l'éternité, portons notre regard sur les définitions possibles de la mort chez les matérialistes.

b1) concepts matérialistes de la mort :

Ils sont au nombre de trois.

b1a) la mort : un état dont on ne revient pas :

Notez bien que ce n'est pas une définition scientifique car il n'y a aucune preuve qu'il n'y ait rien après la mort. Il s'agit d'une définition philosophique qui s'apparente à une pétition de principe.
Par ailleurs, une telle affirmation est aussi une tautologie, c'est-à-dire, une définition qui est déjà contenue dans le terme à définir appelé, prédicat.

Par exemple, lorsque je dis « un chat est un chat » j'exprime une évidence semblable à l'affirmation « la mort est un état dont on ne revient pas », mais cela n'apporte rien de plus et ne résout en rien la question de la mort. C'est comme si je disais « la mort est la mort ».

Une telle pétition de principe peut-être fort embarrassante pour le médecin qui la formule. Ainsi, lorsque quelqu'un revient à la vie après avoir été déclaré mort, ce même médecin doit alors se désavouer et déclarer s'être trompé dans son certificat de décès, puisqu'il sait que l'on ne revient pas de la mort.

b1b) la mort est la fin de tout, du corps et du principe de la conscience :

Terrorisé par la mort religieuse avec son cortège de délices du ciel ou de souffrances sans fin de l'enfer, les philosophes matérialistes du XVIII° siècle, scientistes du XIX° siècle, marxistes du XX°, ont inventé, créé et diffusé cette nouvelle définition de la mort, une mort qui serait la fin de tout y compris celle du principe pensant

– âme, mémoire et conscience – autrement dit, un anéantissement total de l'être.

Ici non plus, les matérialistes n'apportent aucune preuve de leurs allégations. Ils sont comme les aveugles qui affirmeraient que le soleil n'existe pas parce qu'ils ne le voient pas.

b1c) la mort : la fin absurde d'une vie dénuée de sens :

Il s'agit là aussi d'une croyance, indûment diffusée par une science
en phase, en concordance avec le monde matérialiste et déshumanisé
que nous subissons.
La vieillesse y est vue comme une catastrophe ; on y parle d'acharnement thérapeutique, de mouroirs, de désespérance.
(cf ; la nausée sartrienne). Déjà l'ombre de l'euthanasie se dessine à l'horizon. Triste perspective !
Le malheur est que ces définitions s'auto-alimentent et organisent nos sociétés en modelant les mentalités.

b2) Evolutions de la notion du temps vers celle d'éternité :

Nous serions tentés, à ce point de notre réflexion, d'analyser les différentes conceptions portées par les courants spiritualistes que l'on peut découvrir dans les grandes religions telles que le catholicisme,
le protestantisme, le judaïsme, l'islam ou encore le bouddhisme tibétain, indien, chinois, coréen ou japonais.
Nous y découvririons alors des différences importantes liées, entre autres, à des conceptions diverses des origines de l'univers (cosmologies) ainsi qu'à la nature

de la divinité ; mais cela demanderait de trop longs développements.

Si nous nous sommes étendus sur l'approche matérialiste de la mort et de façon indirecte sur l'éternité, c'est avant tout pour souligner que le fait d'adhérer à ce mouvement de pensée ne relève en rien de la science ou de la connaissance mais d'une croyance, d'un acte de foi !

Nous l'avons dit dès le début, notre pensée est modelée par l'éphémère, le passager, le fugace car tel est, en apparence, l'ordre naturel qui organise tout ce qui vit ici-bas.
C'est donc tout aussi naturellement que l'être humain est porté à souscrire aux conclusions matérialistes dont se nourrissent nombre de nos contemporains.

Or, cependant, aussi loin que portent nos regards sur l'histoire des hommes, on peut assister à des élans de la pensée vers ce qui est éternel révélant par là une étrange aspiration vers des sphères invisibles dont l'immensité mystérieuse de la voûte étoilée a probablement, mais en partie seulement, suscité l'émergence.

b2a) Exemple de l'Egypte :

Cette réalité est préhensible dans ce que nous offre l'évolution des représentations du temps dans l'Egypte ancienne.

Nous nous situons sous l'Ancien Empire, soit entre 8000 et 4000 ans avant J-C.
Deux conceptions du temps sont alors mises en opposition.
D'une part, il y a le « temps petit » et d'autre part, les « temps grands ».
Le premier désigne le temps des êtres terrestres qui se caractérise par la mortalité, la périssabilité de toute forme humaine.
Le second désigne le temps de la vie cosmique et celui des êtres divins qui en sont animés. De ceux-là sont les rois.
Cette conception générale va se moraliser après la chute de l'Ancien Régime avec l'introduction de la notion de bien et de mal.
(4000 av J-C)
C'est ainsi que les temps grands de la vie divine seront offerts, non seulement aux rois, mais aussi aux justes pour lesquels s'ouvriront les portes de l'éternité.
Corrélativement, ceux qui auront été mauvais périront en enfer.

Deux mots, en langage de l'époque illustrent ces deux temps :
« Neheh » qui désigne le soleil cyclique et qui s'égraine en heures, jours, mois et années, et « Djet » qui désigne la terre qui s'inscrit dans un temps en extension d'une durée immuable.

Le premier sera symbolisé par Ré, le dieu soleil, et le second par Osiris, le dieu des morts.

Cet exemple nous montre que l'éternité, ou plutôt la pensée de l'éternité, a émergé dans l'esprit humain dès lors qu'il s'est trouvé confronté au problème de la mort, dès lors qu'il a plongé son regard vers l'infini des cieux, dès lors qu'il a pris conscience de l'écoulement du temps et qu'il a commencé à le mesurer aux rythmes des levers et couchers du soleil.

Eût-il voulu échapper à cette réflexion fondamentale, que la nature se serait rappelée à lui pour l'inciter à ne pas en faire l'économie.

Or, voici qu'au-delà de ces puissants stimulants de la pensée, la Bible nous enseigne que cette notion d'éternité n'est pas de nature exclusivement exogène mais principalement endogène, autrement dit que nul être humain ne peut échapper à ce questionnement.

b2b) La pensée de l'éternité dans les cœurs :

Nous l'avons lu au début :
« Dieu fait toutes choses bonnes en son temps. Il a même mis dans le cœur de l'homme la pensée de l'éternité, bien que l'homme ne puisse saisir l'œuvre que Dieu fait, du commencement jusqu'à la fin. »

Ce texte que nous devons au Quoheleth, l'Ecclésiaste, autrement dit, le proclamateur, qui sait mettre en perspective les diverses façons d'envisager la vie et d'en tirer toutes les conséquences, est d'une grande richesse. Plusieurs points méritent d'être approfondis.

Le premier, c'est que tout ce que Dieu fait est bon. Il s'agit là de la qualité de la chose faite qui s'origine dans la bonté même de son auteur et dans son génie créateur.

Il en découle que la pensée de l'éternité mise dans le cœur de l'homme est une bonne chose et que ce faisant, le créateur avait une intention bien précise orientée vers un bien pour sa créature.

b2c : L'intention de Dieu :

Quelle pouvait donc être l'intention de Dieu ? L'histoire des hommes et celle de l'émergence du sens religieux permettent d'apporter une réponse :

En implantant au cœur de l'être humain l'idée de l'éternité, Dieu a fait en sorte qu'il s'interroge sur ses origines, sur son avenir, sur sa raison d'être ici-bas, sur sa propre nature, sur ses aspirations profondes et avant tout, sur Celui qui est premier en tout cela, sur le Créateur, sur Dieu lui-même, celui qui est à la fois dans le temps des hommes et hors de leur temps.

En effet, la pensée de l'éternité renvoie obligatoirement à celle de la transcendance, autrement dit, à quelque chose ou à quelqu'un qui dépasse l'ordre des réalités terrestres, à l'existence de Dieu au-delà des formes qui le rendraient présent au monde et à la conscience humaine.

b2d) L'éternité et l'oeuvre de Dieu :

Le second point du texte met en relation l'idée de l'éternité avec l'œuvre de Dieu, à savoir, avec sa création.
Or, il convient de noter que l'Ecclésiaste émet une réserve qui, pour autant, n'enlève rien à son caractère stimulant pour la réflexion.
En effet, dit-il : « Dieu a mis dans le cœur de l'homme la pensée de l'éternité, bien que l'homme ne puisse saisir l'œuvre que Dieu fait, du commencement jusqu'à la fin. »
Ce « bien que » laisse entendre plusieurs choses :

- que la distance qui sépare la créature de son Créateur est immense.
- Que l'homme ne peut comprendre la totalité et l'immensité de l'œuvre de Dieu mais qu'il peut, cependant, en être l'humble observateur.

Autrement dit, malgré les limitations liées à son statut de créature, l'homme, loin d'être freiné dans sa réflexion, est stimulé par ce qu'il observe et ce qu'il voit de l'œuvre divine.

« En effet, rappelle l'apôtre Paul aux chrétiens de Rome (Romains ch 1 v 20), les perfections invisibles de Dieu, sa puissance éternelle et sa divinité, se voient comme à l'œil, depuis la création du monde quand on les considère dans ses ouvrages. »

Ce texte nous enseigne que ce que Dieu donne à voir de ses œuvres est suffisant pour orienter la pensée de sa créature vers ce qui est éternel et vers celui qui en est l'auteur.

Enfin, en circonscrivant l'œuvre divine dans le cadre temporel - un commencement et une fin – l'auteur du livre positionne le Créateur hors de ces limites, qui sont celles de la temporalité humaine et terrestre, pour le situer dans un ailleurs, un au-delà qui échappe à ses contraintes et ses lois.

Dans cette perspective, le nom d'Eternel donné à Dieu, prend toute sa dimension et toute sa pertinence.
C'est la raison pour laquelle l'apôtre Paul porte un jugement sur ceux qui refusent de tirer les leçons logiques d'une telle observation en ces termes :
« Ils sont donc inexcusables, puisque, ayant connu Dieu, ils ne l'ont pas glorifié comme Dieu et ne Lui ont pas rendu grâce. »

Nous sommes ici au cœur de la problématique qui oppose le matérialisme et le spiritualisme.

Chaque homme doit, en effet, se positionner :

- soit en tant qu'être créé, en adoptant une attitude d'humilité, d'adoration et de reconnaissance devant son Créateur,
- soit en tant qu'être résultant des hasards d'une évolution aveugle, en adoptant une attitude libre, indépendante, autonome, affranchie de toutes contraintes .

Rendons grâce à Dieu d'avoir mis dans les cœurs la pensée de l'éternité, de les sensibiliser aux beautés ineffables de sa création, de se révéler à eux par ses œuvres, de les entraîner sur les chemins de l'émerveillement avant même de se présenter à eux sous les traits admirables de Jésus-Christ, Dieu incarné !

Nous avons souligné, dans le prologue, le paradoxe entre notre nature humaine, qui inscrit son existence entre la naissance et la mort, et l'idée même d'éternité que tout ici-bas semblait contredire.

Pour les matérialistes, ce paradoxe est évacué par le concept d'anéantissement total avec la mort. Autrement dit, pas de vie après la mort, pas d'éternité, donc pas de paradoxe !

Pour les spiritualistes, ce paradoxe trouve sa solution dans l'existence d'un être suprême et d'une vie de l'âme après la mort.

3) L'éternité et les spiritualités orientales:

Selon les courants spiritualistes, la notion d'éternité diffère comme diffère aussi la conception du devenir de l'homme après sa mort.

Nous prendrons comme exemple celui du New Age, système religieux en vogue de nos jours aux Etats-Unis et en Europe, théorisé par Marilyn Ferguson dans son livre « les enfants du Verseau » (1980) qui le définit comme « l'émergence d'un nouveau paradigme culturel, annonciateur d'une ère nouvelle dans laquelle l'humanité parviendra à réaliser une part importante de son potentiel psychique et spirituel. »

Certains sociologues le définissent comme un bricolage syncrétique de croyances et de pratiques empruntées aux croyances orientales fondées sur la notion d'éveil.
Cf : Françoise Champion : « Religieux flottant, éclectisme et syncrétisme. » et Martin Geoffroy : « Pour une typologie du nouvel âge. »

Ce système religieux vise l'atteinte d'un état de paix -l'éveil- en réalisant ce qui est appelé, le nirvana.
Il en est ainsi du bouddhisme et de l'hindouisme qui utilisent des chemins différents pour y parvenir et que

nous étudierons brièvement car ils constituent le substrat du New Age.

Ces deux spiritualités reconnaissent d'une part, la survie de l'être après la mort, et d'autre part, la réalité de l'existence du mal et de ses conséquences. L'être humain, soumis à la pesante loi du karma qui rétribue les actions bonnes ou mauvaises dans une vie subséquente, va essayer, de réincarnations en réincarnations, de rompre le cycle « mort-renaissance » par des pratiques propres à éteindre en lui tout désir, tout attachement, toute tension, toute anxiété.

Parmi ces pratiques, citons le yoga (1), la méditation transcendantale, la récitation de mantras etc.
Ce n'est qu'au terme de millions de réincarnations que le croyant pourra finalement se fondre dans la « réalité première. »

Notons bien que l'éternité bouddhique ou hindoue, n'a rien de commun avec le salut chrétien.

Le nirvana qui est leur terre promise est traduit par le mot « extinction » sous-entendu de tout désir, nirvana qu'il faut atteindre par ses propres efforts. L'homme est donc l'auteur de son propre salut.

Le nirvana est défini ainsi :

« Ce n'est ni un lieu, ni un temps, ni bonheur éternel, ni néant. C'est un absolu sans cause qui n'est relatif à rien ! »
Il s'agit d'une fusion dans le « grand tout » comme un refuge de paix et de pureté, comme un état d'être et de non-être, comme une goutte d'eau dans un océan énergétique originel.

Une telle éternité vécue dans l'anonymat le plus complet, comme dilué dans un principe énergétique impersonnel, n'a rien d'exaltant ni d'attirant ni rien qui suscite l'enthousiasme.
La dilution de l'être dans un « grand tout énergétique » peut d'ailleurs s'apparenter à l'anéantissement allégué par les matérialistes sauf que le néant est ici assimilable à une dilution « homéopathique ».

4) L'éternité d'un point de vue chrétien :

Ceci nous conduit, en contrepoint de ce que nous venons de survoler, à évoquer brièvement l'éternité telle qu'elle nous est présentée dans la Bible.

a) L'Eternel, le Dieu Créateur :

Dès les premières pages de la Bible, l'éternité nous est rendue sensible et prend corps au fur et à mesure de sa lecture, avant de nous être présentée dans l'éblouissement des révélations du dernier livre, l'Apocalypse.

Le fondement même de l'éternité porte un nom évocateur et glorieux, celui de Dieu qui n'a ni commencement ni fin et qui est appelé « l'Eternel », Yaweh, lequel se présente à Moïse en ces termes : « Je suis celui qui suis ».
Un tel nom, dans sa formulation même, porte en soi la marque de l'éternité par la répétition du verbe «être» à la première personne.
Ce présent nous introduit dans la proximité d'un être sur lequel le temps n'a aucune prise car il renvoie à l'idée d'un présent sans fin et sans limitations aucunes.
Dans le même temps, nos regards sont invités à se tourner vers un monde nouveau d'ordre spirituel dont nous pressentons que les normes sont étrangères à celle du monde matériel que nous connaissons.

b) L'homme en image de Dieu :

Or, ce qui est remarquable, c'est de découvrir que ce Dieu qui nous est décrit comme infiniment grand, omniscient, omnipotent, saint, juste et bon, nous est aussi présenté comme étant notre créateur et que, de surcroît, il a créé l'homme à son image.
Autrement dit, il a laissé en chacune de ses créatures son empreinte, sa marque, sa signature.
Ainsi, contrairement au reste du monde animal, l'homme est-il doté d'une conscience du bien et du mal, d'une intelligence capable de raisonnement, d'une imagination, de langages élaborés, d'une perception du temps passé, présent et à venir, d'une capacité à faire

des projets, d'élaborer des stratégies, de fabriquer des outils, d'avoir une conscience de soi, d'avoir des sentiments religieux…

Or, avec l'intrusion du mal appelé « le péché », à cause de sa désobéissance aux ordres de Dieu, s'est créée une rupture du lien « spirituel » quasi « organique » qui unissait l'homme à son Créateur.
Dès lors, il s'ensuivit des conséquences dramatiques comme la mort physique, mais, plus dramatique, encore une rupture de dialogue avec Dieu conduisant à une mort spirituelle.
Désormais, toute communion vitale de l'homme avec Dieu, source de sa vie et de sa raison d'être et hors duquel toute vie humaine n'a plus de sens, est rompue.

Pour autant, et bien qu'étant désormais privé d'un contact direct et de la communion avec Dieu, l'homme n'en a pas moins conservé ses facultés originelles que nous avons énumérées plus avant, autant de facultés dont l'usage est dénaturé par le péché puisque détourné de son objectif initial : rendre gloire à Dieu dans l'adoration, le service et la communion !

Ainsi, le sens de l'éternité et avec lui le sens du « religieux » qui renvoie à la transcendance, sont en quelque sorte des marques du Créateur inscrites dans la conscience de chaque homme, comme des vestiges de son origine divine.

En d'autres termes, c'est ce que dit l'apôtre Paul aux païens d'Athènes dans le chapitre 17 v 24 à 29 du livre des Actes de Apôtres :

« Le Dieu qui a fait le monde et tout ce qui s'y trouve, étant le Seigneur du ciel et de la terre, n'habite pas des temples faits de mains d'hommes ; Il n'est point servi par des mains humaines, comme s'Il avait besoin de quoi que ce soit, Lui qui donne à tous la vie, la respiration et toutes choses. Il a fait que tous les hommes sortis d'un seul sang, habitent sur toute la surface de la terre, ayant déterminé la durée des temps et les bornes de leur demeure, Il a voulu qu'ils cherchent le Seigneur et qu'ils s'efforcent de le trouver en tâtonnant, bien qu'Il ne soit pas loin de chacun de nous, car en Lui nous avons la vie, le mouvement et l'être. C'est ce qu'ont dit aussi quelques-uns de vos poètes : nous sommes de sa race.
Ainsi donc, étant de la race de Dieu, nous ne devons pas croire que la divinité soit semblable à de l'or. »

c) Le paradoxe résolu par la résurrection du Christ :

Ceci nous conduit à réexaminer le paradoxe souligné au début de notre réflexion.

Dans la perspective matérialiste qui voit dans la mort la fin de toute vie et l'anéantissement de l'être, il est clair que l'évocation de l'éternité est un non-sens ; pour autant le paradoxe n'est pas levé car il faudrait pour cela, supprimer le mot « éternité » de nos lexiques et prouver, de surcroît, que l'esprit meurt avec le corps.

Sur ce point, la Bible est claire. Jésus-Christ lui-même a dit à ses disciples dans l'évangile de Matthieu ch 10 v 28 :

« Ne craignez pas ceux qui tuent le corps et qui ne peuvent tuer l'âme. »

Par contre, dans la perspective biblique, le paradoxe disparaît avec l'émergence d'une autre réalité, celle de la résurrection qui s'affranchit des lois terrestres pour exprimer de nouvelles lois, celles du royaume spirituel de Dieu, dont la démonstration a été faite par celle de Jésus-Christ, à la fois parfaitement homme et parfaitement Dieu ouvrant des perspectives insoupçonnées.

4) Croire ou ne pas croire en l'éternité: une question de vie éternelle.

La grande question qui se pose à chacun lorsque le spectre de la mort se profile, est la suivante :
« Qu'en sera-t-il de moi dans l'éternité ? » Question angoissante s'il en est dont on ajourne la réponse, mais à laquelle personne ne peut échapper !

Et, c'est ici, cher lecteur, que me reviennent en mémoire les visages de ceux qui étaient venus accompagner notre ami pour son dernier voyage, et qui ne pouvaient que se poser « la grande question. »

Qu'en sera-t-il de moi dans l'éternité ?

Cette question se pose aujourd'hui pour chacun de nous et appelle une réponse car nulle question ne dépasse celle-ci en gravité.

5) **l'Evangile, une bonne nouvelle :**

C'est ici que le mot « évangile » prend tout son sens en nous apportant la réponse à notre légitime interrogation.
C'est ici que l'évangile se pare des plus belles couleurs et prend une sonorité que l'on a plaisir à entendre car il s'offre à nous comme
« la bonne nouvelle » !
Quelle est donc cette « bonne nouvelle » qui est de nature à réjouir nos cœurs et à éclairer notre avenir jusque dans l'éternité ?

Pour y apporter réponse, écoutons ce que la Bible nous apprend. Ces paroles ont de tels accents de vérité, sont d'une telle vigueur qu'elles ne peuvent laisser indifférents ceux qui les lisent.

Jean ch 3 v 16 :

« Car Dieu a tant aimé le monde qu'Il a donné son Fils unique afin que quiconque croit en lui, ne périsse pas mais qu'il aie la vie éternelle. »

Romains ch 6 v 23 :

« Le don gratuit de Dieu, c'est la vie éternelle. »

Jean ch 11 v 25 :

« Jésus dit : je suis la résurrection et la vie. Celui qui croit en moi vivra, quand même il serait mort. »

Jean ch 6 v 40 :

« La volonté de mon Père, c'est que quiconque voit le Fils et croit en lui ait la vie éternelle ; et je le ressusciterai au dernier jour. »

Romains ch 10 v 9 :

« Si tu confesses de ta bouche le Seigneur Jésus et si tu crois dans ton cœur que Dieu l'a ressuscité des morts, tu seras sauvé. »

Romains ch 6 v 23 :

Le salaire du péché, c'est la mort ; mais le don gratuit de Dieu, c'est la vie éternelle en Jésus-Christ, notre Seigneur. »

Romains ch 1 v 16 :

« L'évangile est une puissance de Dieu pour le salut de quiconque croit. »

Romains ch 4 v 7-8 :

« Heureux ceux dont les iniquités sont pardonnées et dont les péchés sont couverts. Heureux l'homme à qui le Seigneur n'impute pas son péché ! »

III) Conclusion :

La question de l'éternité qui va de pair avec celle de notre avenir éternel ne peut se satisfaire des réponses apportées par les philosophies matérialistes pas plus que par les religions orientales.
Ni les unes, ni les autres ne sont capables d'apporter des preuves de leurs allégations dont les perspectives sont peu réjouissantes.

Seul l'Evangile ouvre la porte à un avenir radieux dans la lumière de l'amour divin et le respect de chaque personnalité.

De plus, la crédibilité des Evangiles surpasse infiniment celle des écrits antiques que les spécialistes n'ont jamais démentie, que ce soit ceux de César, de Suétone, de Tacite, de Tite Live, de Flavius Josèphe, pour ne citer que ceux-là.
Pour plus d'information, je vous renvoie à mon étude sur « la raison et la foi » (2).

La résurrection du Christ, sans laquelle le christianisme n'aurait eu aucun avenir, et pour lequel des millions de témoins ont payé de leur vie leur fidélité, encore aujourd'hui, a été attestée par plus de 500 témoins en même temps, sans compter ses propres disciples.

1 Corinthiens ch 15 v 3-7 : épître écrite entre 54 et 56 après J-C :

« Je vous ai enseigné avant tout, comme je l'avais reçu, que Christ est mort pour nos péchés, selon les
Ecritures ; qu'il a été enseveli, et qu'il est ressuscité le troisième jour, selon les Ecritures ; et qu'il est apparu à Céphas, puis aux douze. Ensuite, il est apparu à plus de cinq cents frères à la fois, dont la plupart sont encore vivants, et dont quelques-uns sont morts. Ensuite, il est apparu à Jacques, puis à tous les apôtres.
Après eux tous, il m'est apparu à moi. »

Aucune autre religion ne peut se prévaloir d'un évènement aussi extraordinaire, appuyé par autant de témoignages de gens qui avaient tout à perdre, y

compris leurs vies, alors que la persécution commençait à s'organiser contre les disciples du Nazaréen.
Si la résurrection n'avait été qu'une sinistre et cynique mise en scène, le christianisme serait mort de sa belle mort. Mais, prétendre cela, ne serait qu'élucubration !

Pour conclure, nous résumerons ce que nous enseignent les textes lus,
à savoir que :

- la question de notre péché qui nous privait de tout contact avec Dieu et nous gardait séparé de Lui éternellement, a été réglée par Jésus-Christ, son Fils, lequel, en mourant sur la croix a apuré notre dette en offrant sa vie en sacrifice par amour.

- Le pardon divin est offert gratuitement à quiconque reconnaît en Jésus-Christ, son Sauveur personnel.
  C'est par grâce que vous êtes sauvés, par le moyen de la foi. Cela ne vient pas de vous, c'est un don de Dieu.

- Dès lors, réconcilié avec Dieu, son créateur, le croyant se voit offert la vie éternelle, autrement dit, un avenir éternel dans la proximité et la présence de Celui qui est le Dieu d'amour de toute éternité, présence déjà active dès ici-bas.

- Le passage du terrestre au céleste, du matériel au spirituel, du passager à l'éternel, de la mort à la vie, est rendu possible par la résurrection des corps, en un état spirituel décrit par Paul dans 1 Corinthiens 15 v 40 et ss :

« Le corps est semé corruptible, il ressuscite incorruptible ; il est semé méprisable, il ressuscite glorieux ; il est semé infirme, il ressuscite plein de force ; il est semé corps animal, il ressuscite corps spirituel…de même que nous avons porté l'image du terrestre, nous porterons aussi l'image du céleste. »

Y a-t-il, chers lecteurs, plus belle et bonne nouvelle que celle qui nous est ici offerte ?

A ceux qui viennent de la découvrir, je ne peux que vous exhorter à l'accepter et à remettre vos vies entre les mains du Christ vivant, du Christ ressuscité.

A ceux qui ont déjà fait l'heureuse et bienfaisante expérience du pardon de Dieu, je ne puis que vous dire :

Proclamez cette bonne nouvelle autour de vous !

« Saisissez la main du Christ, il vous conduira dans son amour vers son royaume éternel de paix et de lumière ! »

Notes :

1) **le yoga** :

http://gospelvoice.eklablog.com/reflexions-et-sujets-bibliques-c7756529/10

2) la raison et la foi :

http://fr.calameo.com/read/00125749004e8d14c616d

L'EXTRAORDINAIRE DE DIEU....dans l'ordinaire de l'homme : la nouvelle naissance !

1) Des dangers de l'accoutumance :

L'évolution phénoménale des techniques et de la science nous a habitués au cours du siècle dernier à côtoyer quotidiennement l'extraordinaire à un point tel, qu'étant devenu notre ordinaire, cet extraordinaire nous apparaît bien souvent, tout simplement ordinaire !
L'homme n'a-t-il pas marché sur la lune, ne s'est-il pas affranchi des distances avec Internet …pour ne citer que ces évènements spectaculaires !
C'est dire à quel point notre sensibilité à certaines réalités peut progressivement s'émousser, nous trompant du même coup sur la véritable nature des réalités.
Vous vous direz peut-être que cela a peu d'importance sur le cours de votre vie qui, cependant en tire d'énormes avantages, mais cette insensibilité vous prive de la faculté d'émerveillement voire de reconnaissance devant les progrès accomplis par le labeur et l'intelligence humaine mis au service de tous.

2) Les effets délétères d'une telle attitude dans le domaine spirituel :

Cette accoutumance à l'extraordinaire n'intervient pas seulement dans le domaine temporel et matériel mais elle embrasse aussi, tragiquement, l'espace spirituel dans lequel Dieu agit quotidiennement et providentiellement.
Les chrétiens modernes que nous sommes sont parfois si attentifs aux évènements du monde, si intéressés à l'évolution de l'économie, de leur confort, si pétris des idées-forces de leur temps, bref, si souvent matérialistes

et rationalistes que la nature même de Dieu, sa toute puissance, son infinie miséricorde, sa proximité, son œuvre permanente de grâce, ses multiples providences, sont tout ou partie évacuées de leur pensée et par là, étrangères à leurs projets comme si Dieu était devenu sourd, aveugle, muet et impuissant ou tout simplement absent !
Certes, nous relisons avec intérêt les récits des interventions miraculeuses ou surnaturelles de Dieu dans la vie de ses serviteurs et nous y trouvons matière à admiration voire à louange ; certes, nous sommes émerveillés de la foi de ces héros lointains ou plus proches dont la Parole de Dieu ou la littérature chrétienne nous brossent les portraits et nous en tirons même d'admirables leçons de fidélité, de courage et de zèle ; mais quels sont les effets dans notre vie quotidienne de ces rencontres avec un Moïse, un Abraham, un Noé, un Elie, un Samuel, un Pierre, un Etienne, un Paul ou un Félix Neff et un William Carrey ..pour ne citer que ceux-là ?

Et qui est pour nous, aujourd'hui, ce Dieu que nous reconnaissons comme l'Eternel, omniscient, omnipotent, omniprésent, saint, juste et bon ?

Pourquoi ne retenons-nous de Lui, trop souvent, que sa seule justice , souvent prétexte à condamner les autres sans complaisance, ou que son seul amour, souvent prétexte à nous absoudre à bon compte de nos fautes ?

Dieu aurait-Il perdu de sa toute puissance, ne règnerait-Il

que dans les sphères célestes ?

Ou bien Dieu n'agirait-il qu'au travers de ceux qui ont reçu un 'appel ' ou de ceux qui ont une 'vision' particulière de son œuvre, comme si son appel au service était de nature sélective ou sa vision l'objet d'une exclusive ?!

3) Les travers d'une perception superficielle de la nouvelle naissance :

Comme par le passé, Dieu agit aujourd'hui de façon extraordinaire et ceci chaque jour !
Point n'est besoin de faire référence à l'essor de l'Evangile dans des pays comme le Brésil, la Chine ou les pays satellites de l'ex-Urss ou ailleurs pour s'en convaincre !
Près de nous , si peu que nous ouvrions les yeux, nous pouvons le voir à l'œuvre !
N'y aurait-il qu'une seule nouvelle naissance à observer qu'elle suffirait à confirmer la puissance de Celui qui en est l'auteur !
Arrêtons-nous un instant devant un tel spectacle hors du commun et interrogeons-nous !
Notre émerveillement est-il à la mesure de l'évènement ?
Reconnaissons humblement que notre joie, aussi réelle soit-elle, est bien souvent fugace car ne résultant pas toujours d'une vision spirituelle et profonde de ce à quoi

nous assistons.
Nous ne faisons qu'effleurer l'évènement que nous ne percevons souvent qu'au travers de ses aspects extérieurs, observables avec notre regard humain.
C'est ainsi que cette 'conversion' peut ne nous apparaître parfois que comme la résultante logique d'occurrences apparemment ordinaires, débutant par une rencontre, un témoignage, une prédication, des amitiés liées avec une communauté chrétienne, et se concluant 'naturellement', par une nouvelle naissance, comme s'il s'agissait là du jeu normal d'un processus spirituel automatique.

Dès lors, l'extraordinaire de l'action de la grâce de Dieu qui seule sauve, a été occulté ou tout au moins estompé laissant la place à une joie passagère plus sentimentale que spirituelle.

4) La nouvelle naissance : quand l'extraordinaire de Dieu fait irruption dans une vie !

Pour autant, l'extraordinaire de Dieu n'en a pas moins été introduit dans notre ordinaire mais nous l'avons côtoyé sans y plonger nos regards et par conséquent, nous n'y avons pas vu Dieu dans toute sa grandeur, ni discerné la puissance régénératrice de sa miséricorde !

Mais, quel évènement, mes amis !

Combien nous serions confus si nos oreilles pouvaient entendre les alléluias des anges applaudissant dans l'infini des cieux à cette nouvelle victoire de leur Maître sur le père du mensonge, sur le prince des ténèbres, sur le roi de la discorde, sur Satan l'ennemi même de Dieu !

Oui, ils se souviennent, eux, du haut de leur observatoire privilégié, du prix incalculable que le Fils de Dieu, Jésus-Christ a dû payer pour le rachat de cette âme !

Ils ont connu de près l'immense douleur du Père, fermant ses oreilles mais non son coeur à l'appel déchirant qui montait de la croix de Golgotha. Ils ont été les témoins du combat solitaire que menait le Fils de Dieu contre les puissances des ténèbres pour accomplir la volonté de son Père pour que justice soit faite et que pardon puisse être obtenu en faveur de ses frères humains.
Ils ont tressailli en entendant ce cri d'immense détresse du crucifié : « Mon Dieu , mon Dieu, pourquoi m'as-tu abandonné ? »
Ils ont aussi été les témoins silencieux de ses dernières paroles qui signaient la fin de son combat en même temps que notre acte de rachat :« tout est accompli ! »
Ils se sont associés à cette formidable espérance de pardon et de salut dont la résurrection de leur Chef était porteuse.
Et que dire de l'accueil qu'ils lui firent lorsqu'Il se présenta devant eux et devant le Père comme l'Agneau immolé, certes, mais aussi comme le Vivant, comme le grand Vainqueur sur le péché et la Mort, comme le Sauveur du monde !

Ce sont ces mêmes anges qui ont assisté à de si grandes choses qui sont capables d'émerveillement devant le triomphe de la vie dans une âme repentante !
Car, ils connaissent le prix qu'a dû payer le Fils de Dieu pour son salut !!
Et, ils voient là, dans cette âme lavée, purifiée et sauvée, non pas la conséquence logique d'une série d'actions humaines aussi belles fussent-elles, mais l'œuvre extraordinaire de l'amour de Dieu au travers de l'ordinaire des hommes.
Et, ils ne se lassent jamais de contempler cet extraordinaire ni d'en louer jour et nuit son divin Auteur.

5) Appel à témoins :

N'oublions jamais ces dernières paroles de Jésus-Christ à ses disciples : Actes ch 1 v 8 :
« Vous recevrez une puissance, le Saint-Esprit survenant sur vous, et vous serez mes témoins à Jérusalem, dans toute la Judée, dans la Samarie, et jusqu'aux extrémités de la terre. »

Une telle mission aurait relevé de l'impossible si la promesse de la venue du Saint-Esprit ne s'était pas réalisée, faisant par la nouvelle naissance de ces faibles disciples, de véritables champions de Dieu.
Nous sommes de cette veine, nous chrétiens du XXI° siècle, enfants de Dieu, nés de nouveau, rachetés de l'Eternel !
Nous sommes appelés, nous aussi, à relever ce défi et

nous sommes déjà vainqueurs pourvu que nous soyons toujours prêts à accueillir et à contempler, émerveillés « l'extraordinaire » de Dieu dans nos vies ordinaires de chrétiens !
Que le Seigneur nous y aide !

Jean-Marc,André le 5 décembre 2011

MIX
Papier aus verantwortungsvollen Quellen
Paper from responsible sources
FSC® C105338

Printed by Books on Demand GmbH, Norderstedt / Germany